CARLOS LUIS VARGAS

Sirviendo a su Excelencia

CHRISTIAN
EDITING

Brenda Castellanos

Publicado por:
Christian Editing Publishing House
Miami, Florida
ChristianEditing.com

Cubierta y diseño interior: Jannio Monge

Todas las referencias bíblicas fueron tomadas de la Biblia Reina-Valera,
revisión de 1960, a menos que se indique otra fuente.

ISBN 978-1-938310-65-2

Categorías: Vida de de la iglesia. Ayudas pastorales. Mayordomía.

Impreso en Colombia

Presentación

Al ritmo que las iglesias latinoamericanas crecen, y masas comienza a llenar lugares que no fueron construidos para funcionar como templos (centros comerciales, antiguas fábricas, talleres, y demás), se hace necesario un equipo de servidores capaces y bien entrenados; obreros bien adiestrados para afrontar los retos que este nuevo paradigma presenta. El objetivo es mantener el orden y la reverencia que permita la libre operación del Espíritu Santo en nuestras reuniones.

Nuestro Dios no podrá bendecir todo aquello que nosotros le brindemos de manera defectuosa y mediocre. Él solo pondrá su sello de aprobación en aquel servicio que sea ofrecido en excelencia y a SU EXCELENCIA. Todo lo que hagamos de palabra o hechos debemos hacerlo como para el Señor. Todo lo que Él aprueba, le añade su carácter. Junto a su carácter estará siempre su bendición y su prosperidad.

Es por ello que dondequiera que encontramos una iglesia numerosa y realmente significativa, también encontraremos un ministerio de servicio excepcional sosteniéndola.

En Norteamérica, donde las iglesias no están exentas de demandas judiciales, un ministerio de ayuda efectivo puede librar a muchas congregaciones de desagradables problemas por el simple hecho de mantener las instalaciones libres de accidentes peligrosos. Reuniones bien atendidas serán factor para que los ministros predicadores puedan operar en la plenitud de los dones que les han sido confiados por el Rey de reyes. *Él es un Dios de orden, armonía, amor y reverencia,* estas cuatro características son las que mejor describen la labor y el propósito del *ministerio de ayuda* en la iglesia local.

Como pastor (y pastor de otros pastores) aprecio infinitamente una iglesia bien organizada, con un ministerio de ayuda a la altura de las demandas que el servicio a Dios requiere. Sé que esto es fundamental para un crecimiento numérico y mucho más que eso, esta es la razón por la que tomé tiempo para escribir este manual. Es mi regalo y contribución a la iglesia de Jesucristo en nuestra amada América Latina y confío que llegue todavía más allá de nuestras fronteras.

Amigo pastor, siéntase en la libertad de usar este material. Su única intención es compartir lo que a mí, como pastor, y a nuestras iglesias hijas en el mundo, nos ha funcionado. Sé que también funcionará para usted y su iglesia.

Su servidor,

Carlos L. Vargas
Apóstol de Centro Bíblico Internacional y MAN
(Missionary Apostolic Network)

Índice

Prefacio

Si usted es un siervo de Dios en busca de apoyo, o es responsable de un ministerio de excelencia, lo felicito por obtener este libro. Le aseguro que no será defraudado. Si usted es un pastor de una iglesia que crece aceleradamente y desea mantener el orden y la excelencia mientras experimenta ese crecimiento sobrenatural, este libro seguramente le ayudará. Los principios y estructura de organización del *ministerio de ayuda* que encontrará aquí los he aprendido a través de la observación y estudio de ministerios de excelencia en diversos países. Como ministro en uno de esos tantos países, tuve como mi primer modelo ministerial el del Apóstol Luciano Padilla Jr., la iglesia que por más de cuatro décadas él ha pastoreado, y que es, en mi opinión, la iglesia hispana que mejor representa un servicio de excelencia en el estado de Nueva York, podría yo decir.

Otra fuente de gran ayuda para escribir este manual fue el libro titulado *Ushering in excelence (Ujieres de excelencia)*; además de mi experiencia pastoral de treinta años como pastor de la maravillosa congregación conocida como *Freeport Bible Center,* en Freeport, Long Island, Nueva York. Sumo a todo esto la experiencia de vida en mi trabajo como presidente del *Centro Bíblico Internacional,* una red de trabajo misionero social y de fundación de iglesias en diversos países del mundo.

Confío que este cúmulo de experiencias que forman este manual pueda contribuir, en alguna medida, a incrementar la excelencia en su ministerio. El hecho de que hoy las clases sociales más altas, de profesionales, empresarios, deportistas y artistas están conociendo y siendo salvos como nunca antes, nos coloca a nosotros, la iglesia del presente, ante un paradigma nunca antes enfrentado. Se necesita de mayor orden, armonía, amor y reverencia para crear un ambiente más acogedor que nos permita pastorear y mantener a estos importantes segmentos de la sociedad que Dios está añadiendo a nuestras iglesias.

Introducción

Jesús y su ministerio de ayuda

En Marcos 6:34-43 encontramos a Jesús ministrando ante una gran multitud de cinco mil hombres. Lo primero que Él hace con sus ministros de ayuda es hacerles saber la responsabilidad de alimentar a tal multitud. Él le estaba trasladando a ellos una gran responsabilidad al decir: *«Dadles vosotros de comer»*. En primer lugar, la gente que sirve debe llegar a sentirse responsable y comprometida, no llena de excusas ni de pesimismo. Mientras existan verdaderos servidores, la gente necesitada no querrá irse con sus carencias a casa, para eso han sido los servidores llamados y empoderados. En segundo lugar, ellos son responsables de ubicar la materia prima para el milagro, pues el versículo 38 dice: *«¿Cuántos panes tenéis? Id y vedlo»*. En tercer lugar, ellos son responsables de organizar a la gente para que reciban su milagro: *«Y les mandó que hiciesen recostar a todos por grupos sobre la hierba verde»* (v. 39). En cuarto lugar, después que Jesús bendijo los cinco panes y los dos peces, los servidores comenzaron a repartir; cada vez que metían sus manos en la canasta de los panes y los peces, el milagro de la multiplicación ocurría. En quinto lugar, el milagro de multiplicación de manos del ministerio de ayuda no cesó hasta que comió toda la multitud y aún sobraron doce cestas llenas. Ellos fueron los instrumentos del milagro. En sexto lugar, ellos fueron recompensados por su servicio. A cada uno de los doce servidores le sobró una cesta llena como recompensa por su labor. El Señor pagará bien a quien bien le sirve.

Estos hombres *facilitadores* se han convertido en un elemento vital en la vida de toda congregación. Su labor es tan significativa que fueron incorporados oficialmente a toda congregación desde la iglesia primitiva. Es por ello que encontramos seguido a las cualidades del pastor, las del diácono. Es de hacerse notar que en ambos casos son básicamente las mismas. Por ello concluyo que mientras más calidad tenga el ministerio de ayuda de una iglesia, más posibilidades de éxito tendrá y más idóneos a sus pastores serán los servidores.

Servidores como los doce y los que encontramos en la iglesia primitiva no son una coincidencia ni un acto de suerte, son el producto terminado de la obra de ministros responsables, visionarios y de buena calidad.

Más que oficiales de iglesia

Junto a los diáconos, hay una gama de servidores en formación sin los cuales ningún ministerio evangelístico o iglesia local podría alcanzar el nivel de efectividad y excelencia que Dios y el mundo esperan. Entre ellos están los *ujieres*, quienes no son otra cosa que diáconos en entrenamiento o a prueba, como el apóstol Pablo lo revela en 1 Timoteo 3:10: «...*sean sometidos a prueba primero y entonces ejerzan si fueren hallados calificados*». Estos ujieres o ministros de ayuda se pueden encontrar en labores tan diversas como recibir a la gente en el estacionamiento, ayudando a estacionar los vehículos, dando la bienvenida en la entrada, ayudando en el mantenimiento del edificio y sus dependencias, administrando, operando las cámaras de video, el audio o el sonido, reproduciendo materiales de audio, de video o didácticos, asistiendo en el salón de consejería, cooperando con el departamento de educación infantil, de adultos o en el departamento de cuna; tal vez dirigiendo el departamento deportivo juvenil, de evangelismo, o cualquier otro.

> Aquel que no se ha graduado en la escuela del servicio, todavía no ha llegado a ser siervo de Dios, pues sigue siendo siervo de sí mismo.

¿Cuántos servidores debe tener su iglesia?

Algunos han abrazado la errónea enseñanza de que para estar apegados al modelo bíblico solo debe haber siete diáconos por iglesia. Nada más lejos de la realidad que esto. Mientras más liderazgo una iglesia produzca, más éxito habrá alcanzado. Una iglesia exitosa no se mide solo por cuántas personas asisten a sus reuniones, sino también por la calidad de atención y cuidado que ellos reciben. Esto hará que el crecimiento se sostenga y no suceda como algunos tristes fenómenos que hemos visto en nuestro recorrer por América Latina y los Estados Unidos; iglesias que crecieron como la espuma, pero se esfumaron de repente ante una crisis, porque su fundamento (liderazgo) no era sólido y todo descansaba sobre un solo individuo.

> CUANDO LOS SERVIDORES SIRVEN AL PUEBLO, SOLO ESTÁN SIRVIENDO A SUS PASTORES.

CAPÍTULO 1

¿A quién sirven los servidores?

1 Reyes 19:19-21

«Partiendo él de allí, halló a Eliseo hijo de Safat, que araba con doce yuntas delante de sí, y él tenía la última. Y pasando Elías por delante de él, echó sobre él su manto. Entonces dejando él los bueyes, vino corriendo en pos de Elías, y dijo: Te ruego que me dejes besar a mi padre y a mi madre, y luego te seguiré. Y él le dijo: Ve, vuelve; ¿qué te he hecho yo? Y se volvió, y tomó un par de bueyes y los mató, y con el arado de los bueyes coció la carne, y la dio al pueblo para que comiesen. Después se levantó y fue tras Elías, y le servía».

Uno de los conflictos más comunes en muchas congregaciones es que al no operar bien el concepto del *ministerio de ayuda* surgirá una pugna de criterios entre los servidores y sus pastores. Estas pugnas, que son la razón de muchas divisiones, tienen por lo general su raíz en la falta de entendimiento de los diáconos y facilitadores en cuanto a quién realmente ellos están sirviendo. Si hiciéramos esa pregunta a todos los diáconos del mundo seguramente más del 80% respondería: *Estoy aquí para servir al pueblo, ¡por supuesto!*

Si usted está dentro de este porcentaje, permítame aclarar el asunto del diseño y propósito divino de su llamado.

Eliseo, ¿siervo de Dios?

El pasaje de 1 Reyes 19:19-21 narra el llamamiento de un hombre llamado Eliseo, quien fue escogido no por Elías sino por Dios, para ser un servidor. La Escritura narra que Dios mismo habló a Elías y le instruyó de llamar a Eliseo para ser profeta en lugar suyo (1 Reyes 19:19). Elías fue en busca de Eliseo y echó sobre él su manto. La Escritura narra que al instante Eliseo comenzó a deshacerse de todo lo que tenía para seguir a Elías, incluyendo sus bueyes y su arado, el cual quemó. Esto es indicativo de lo irrevocable que son los dones y el llamamiento del Señor (Romanos 11:29). No había puente para regresar atrás, pues él lo había quemado. Todo esto parecía indicar que desde aquel día Eliseo se convertiría en el «Varón de Dios», en el profeta de la nación en lugar de Elías, que se convertiría en el «siervo de Dios». ¡Pero no fue así! Según los exegetas bíblicos, todavía pasarían unos veinte años antes que Elías fuera recogido al cielo. Durante esos largos años nunca se le llama a Eliseo «siervo de Dios». La Escritura solo se refiere a él, siempre y hasta que Elías partió, como «siervo de Elías».

Fue solo hasta que los hijos de los profetas se convencieron de que Elías ya no volvería, que por primera vez en casi dos décadas de servicio a Eliseo se le da el título de «siervo de Dios». Mucha gente en el ministerio de ayuda tiene poco reparo en autodenominarse siervos de Dios, cuando en realidad todavía debieran ser siervos de su Elías. Vuelvo entonces a preguntar: ¿Si usted está en el ministerio de ayuda, a quién vino a servir?

Eliseo tuvo que aprender en la escuela del servicio por muchos años antes de graduarse de ella. Aquel que no se ha graduado en la escuela del servicio todavía no ha llegado a ser un siervo de Dios, pues sigue siendo siervo de sí mismo.

Los discípulos también aprendieron esta lección por tres años y medio. No fue hasta que Jesús fue quitado de ellos que dejaron de ser discípulos (siervos de Jesús) para convertirse en apóstoles y pastores del rebaño. Antes de eso, Jesús era el pastor y ellos sus ministros de ayuda.

Los apóstoles y sus diáconos

En el libro de los Hechos, capítulo 6, se narra el primer conflicto entre los primeros creyentes de Jerusalén. La iglesia acudió a sus pastores para que ellos resolvieran el conflicto. Ellos reconocían que los únicos responsables delante de Dios por el rebaño eran los apóstoles. La respuesta de los apóstoles a la iglesia revela algunos principios fundamentales cuando se habla de la relación entre los diáconos y los pastores, y entre los diáconos y el pueblo.

Los responsables por toda labor y situación con el rebaño eran los pastores y no los servidores. Los servidores fueron traídos a los apóstoles para que ellos los instalaran en el oficio de aliviar la carga de los apóstoles, en la tarea de pastorear al pueblo. Ellos estaban allí para servir a los apóstoles, no al pueblo, pues Dios solo hace responsables a los pastores por su rebaño. Leamos Hebreos 13:17:

«Obedeced a vuestros pastores, y sujetaos a ellos, porque ellos velan por vuestras almas, como quienes han de dar cuenta; para que lo hagan con alegría, y no quejándose, porque esto no os es provechoso».

Cuando los servidores sirven al pueblo solo están sirviendo a sus pastores. Muchos diáconos y ministros de ayuda, por no entender a quién vinieron a servir, reciben quejas de alguna oveja enferma de descontento contra el pastor. Estas ovejas les cuentan sus quejas, por lo que el servidor se siente como el defensor de las ovejas. En vez de salvaguardar las relaciones entre el pastor y su rebaño, comienza a oír los destructivos comentarios de los miembros: Yo hablo con usted porque usted sí que me entiende. El pastor nunca tiene tiempo para oírnos. Así, han abierto su espíritu a este veneno, ignorando a quién realmente vinieron a servir. Un día, alguien que fue en el pasado un buen servidor, llegó a la oficina pastoral y le dijo a su pastor: «Lo que pasa es que usted no entiende a la gente, no los escucha; yo no puedo seguir en esta iglesia». ¿Nota usted?, a quien el pastor encomendó para ayudarle a cuidar el rebaño, ahora quiere proteger al rebaño de su único y legítimo pastor. ¡Qué tontería!

Hace muchos años, nombré a uno de mis servidores para la tarea de llamar a los hermanos que se ausentaban.

Le instruí diciéndole lo que debía hacer: «A los que llames, les dirás que lo estás haciendo en representación y por encargo del pastor; que el pastor está preocupado por él y los suyos, por lo cual te pedí que les llamaras y les dejaras saber». Pero este individuo, quien tenía su propia agenda y aspiraciones, les llamó diciendo: «Te estoy llamando porque te amo; yo estoy muy preocupado por ti». Este acto de infidelidad procuraba ganar y tornar el corazón del pueblo hacia él mismo. La pregunta sigue siendo: ¿A quién viniste a servir?

Concluimos que los servidores existen para servir a sus pastores o padres espirituales en la tarea pastoral, para cuidar a los hijos u ovejas que son estricta responsabilidad del pastor.

Propósitos de este curso

- Definir el ministerio de ayuda (ujier y diácono).
- Definir el propósito y las funciones de aquellos que están en el ministerio de ayuda.
- Aprender la organización correcta para los servicios:
    -Manejo de varios retos durante el servicio
    -Cómo fluir con el que está predicando
    -Cómo cerrar el culto o reunión
    -Responsabilidades posteriores al servicio

Antes de seguir adelante, permítame definir lo que no es el ministerio de servicio de una iglesia local.

Son muchas las concepciones erradas que en ciertos lugares se tiene de estos imprescindibles siervos del Señor. En muchos lugares han sido reducidos a muchachos de mandados, acomodadores, chaperones de las personas, o en aquellos que impiden que los hijos de la casa se acerquen a su padre. Sin embargo, aunque esas funciones pueden incluirse entre sus responsabilidades en un determinado momento, si así la situación lo ameritara, ellos son infinitamente mucho más importantes que eso. Estos servidores pueden provocar que el culto a Dios dentro de nuestros edificios de reunión y en las actividades al aire libre sea una maravillosa y exitosa experiencia (o también un total caos del que podrían salir disgustadas muchas personas si no están bien capacitados).

La primera mención en el Nuevo Testamento de este importante ministerio ocurre en Hechos 6:1-6. Allí se les nombra para asumir el rol de conciliadores, facilitadores y servidores. (En el Capítulo 2 abundaremos en la relación de los ministros de ayuda con sus pastores).

¿Qué es el «ministerio de Servicio»?

1 Corintios 12:28 lo presenta como un don ministerial. El ministerio de servicio no solo son ujieres o diáconos, sino también el personal de mantenimiento, de luces y sonido, consejeros, administradores, miembros de las juntas, cuneros, personal de escuela dominical y de muchas otras actividades. Estos son algunos ejemplos de ministerio de ayuda que Jesús hacía:

Marcos 6:34-43 Alimentación de una multitud
Mateo 14:13-16; Marcos 10:46-49 Ministración a Bartimeo
Mateo 21:1-6 Preparación para la entrada triunfal

Cuando aceptamos el ministerio de ayuda estamos aceptando ser una extensión de los brazos del Señor. Estamos aceptando una responsabilidad en la salvación de los perdidos en nuestras reuniones, de la sanidad de los enfermos y de su liberación. Usted será partícipe del fruto y recibirá su parte cuando suene la trompeta.

CAPÍTULO 2

La razón de los servidores (ministros de ayuda)

Marcos 10:43-45

Hoy que multitudes están viniendo al encuentro con el Señor, necesitamos mantener en nuestras reuniones una atmósfera de orden, armonía, amor y reverencia, de modo que nada impida el mover del Espíritu Santo entre nosotros.

El pastor debe ser liberado de toda labor para que pueda dedicarse al ministerio de la oración y la Palabra.

Para que haya un ministerio efectivo de ayuda debe haber un líder servidor que realmente entienda sus responsabilidades. Su trabajo será desarrollar y perfeccionar un buen equipo de servidores. Deberá siempre recordarles que esto es un trabajo de equipo, no de uno solo. Tendrá que lograr que cada ujier se mantenga en un solo espíritu; procurando el líder servidor hablar un solo lenguaje con su pastor y los demás líderes.

Líder de servidores

El líder de los servidores es el responsable por todo su equipo de trabajo. A este se le conoce como el *diácono mayor*. Debe ser un hombre de intachable testimonio y con

una mezcla de fortaleza moral, carácter y ternura. Aquí algunas de las responsabilidades del líder de servidores:
- Delegar responsabilidades al equipo de trabajo.
- Enseñar y entrenar a cada miembro para sus respectivos trabajos.
- Enseñar a los ujieres a pensar por sí mismos.
- Asegurarse que el pastor o predicador pueda ministrar libremente, sin interrupciones.
- Estar alerta a las necesidades del ministerio, antes, durante y después del servicio.
- Servir en la posición de relaciones públicas.
- Asistir a los ujieres en la tarea de ayudar a la gente a encontrar asientos.
- Controlar que la gente no se mueva innecesariamente durante el culto, especialmente en la predicación y el llamado.
- Dirigir la colecta de ofrendas, especialmente por razones de seguridad.
- Intervenir en la Cena del Señor.
- Fluir con el ministro en la imposición de manos.
- Ayudar a las personas en los llamados al altar (a organizarlos y a seguir instrucciones).
- Supervisar a su equipo en el manejo de interrupciones, que pueden ser niños llorando o fuera de orden, adultos inquietos, personas de pie, entre otras interrupciones.
- Asegurarse que la temperatura sea la adecuada en todo el edificio.
- Asegurarse que todo el que vino buscando ser ministrado por Dios no se vaya sin serlo.

- Entrenar al ministerio de ayuda para funcionar en su ausencia.
- Mantener alguna forma de entrenamiento constante para asegurar el continuo crecimiento de su equipo.
- Proteger o brindar seguridad al ministro, visitas y congregación (en la actualidad esto resulta muy necesario).

¿Qué otra responsabilidad añadiría usted a la lista?

CAPÍTULO 3

Cualidades de un ministro de ayuda

Un ministro de ayuda debe ser un hombre o mujer abnegado. Debe estar dispuesto a sacrificar su propia comodidad y su tiempo por la edificación y atención con excelencia de aquellos a los que sirve. Él es la puerta y primera impresión que los visitantes tendrán de la iglesia y será en parte un representante de nosotros los pastores, para bien o para mal. Es por esto que el interés debe estar en que sean bien escogidos, pero también, bien entrenados. Su actuar podría ayudar a la confirmación del visitante en su búsqueda de Dios, saber si está donde Dios lo desea o no.

Un testimonio

Cuando nuestra iglesia, el *Centro Bíblico Internacional*, era todavía muy joven y pequeña, colocamos en la puerta para dar la bienvenida a un muy alegre y amoroso anciano de nombre Agustín Crespo. Cuando la gente llegaba a nuestra reunión, Agustín los recibía de una manera muy efusiva y con un gozo excepcional. Nadie ministraba más alegría y amor a los visitantes que él. Recibí testimonio de personas que me confesaron que al recibir el abrazo del servidor Agustín Crespo, al momento de su llegada supieron de parte de Dios que habían llegado a la casa que tanto anhelaron.

Hechos 6:1-8

«En aquellos días, como creciera el número de los discípulos, hubo murmuración de los griegos contra los hebreos, de que las viudas de aquéllos eran desatendidas en la distribución diaria. Entonces los doce convocaron a la multitud de los discípulos, y dijeron: No es justo que nosotros dejemos la palabra de Dios, para servir a las mesas. Buscad, pues, hermanos, de entre vosotros a siete varones de buen testimonio, llenos del Espíritu Santo y de sabiduría, a quienes encarguemos de este trabajo. Y nosotros persistiremos en la oración y en el ministerio de la palabra. Agradó la propuesta a toda la multitud; y eligieron a Esteban, varón lleno de fe y del Espíritu Santo, a Felipe, a Prócoro, a Nicanor, a Timón, a Parmenas, y a Nicolás prosélito de Antioquía; a los cuales presentaron ante los apóstoles, quienes, orando, les impusieron las manos. Y crecía la palabra del Señor, y el número de los discípulos se multiplicaba grandemente en Jerusalén; también muchos de los sacerdotes obedecían a la fe. Y Esteban, lleno de gracia y de poder, hacía grandes prodigios y señales entre el pueblo».

La razón de los diáconos

La palabra *diáconos* viene del griego *iakonos*, que se traduce como *servidor* o *ministro*. La cita bíblica anterior da las razones del ministerio de diácono. El crecimiento de la iglesia hace necesario la presencia de los ministros de ayuda. Por ejemplo, los problemas entre la membresía pueden ser abordados de primera mano por un diácono, que se active como un solucionador de problemas y un facilitador del ministerio pastoral.

Las cualidades de los diáconos (Hechos 6:3)

Hombres de integridad y buena reputación.
Llenos del Espíritu Santo (hablaban en otras lenguas) (Hechos 2:4).
Llenos de sabiduría o capacidad para administrar y resolver problemas. Capacidad para enseñar y predicar.
Llenos de fe y poder del Espíritu Santo.

Estas cualidades deben ser las metas de todo aquel que se propone servir al Señor con excelencia. Pastor, establezca estas cualidades como sus metas en aquellos que sirven en su ministerio.

Los resultados de un servicio excelente (Hechos 6:7)

La palabra de Dios crecía.
El número de discípulos se multiplicaba.
Líderes de la oposición se convertían.
Milagros y poder se manifestaban a través de los servidores.

Consejos para los ministros servidores

- Mantenga su copa rebosando con una buena vida de comunión diaria con Dios.
- Todo lo que haga, hágalo como para el Señor (Colosenses 3:17,23).
- Fortalézcase en la fe. La fe viene por el oír de la palabra de Dios (Romanos 4:17).
- Llénese de la palabra de Dios.
- Sea guiado por el Espíritu (Romanos 8:14).
- Que su hablar sea siempre positivo, debe estar lleno de palabras de fe (Marcos11:23-24).
- Controle su lengua (Efesios 4:29-32; Santiago 1:26).
- Evite toda venganza. Debe ser lleno de la compasión de Jesús (Mateo 9:36). Como diácono o servidor se espera que usted visite a los enfermos y necesitados. El cuerpo de servidores no solo debe servir *en* la congregación, sino *a* la congregación.
- Sea fiel a su cónyuge, a su familia, a su jefe, a su pastor, a su iglesia, a sus amigos y hermanos, a su padre y madre. Sea responsable siempre.
- Prefiera el bien de otros por encima del de usted mismo.
- Libérese de envidias y contiendas (Proverbios 14:30).
- Regocíjese por las bendiciones de otros.
- Camine siempre en el perdón instantáneo.
- Sea hacedor de la Palabra (Santiago 1:22-25).
- Debe ser un intercesor.
- Manténgase ejercitándose en amor, y orando siempre en el Espíritu Santo.

Manténgase siempre creciendo en estas cualidades, solo así llegará a ser un verdadero servidor, uno de excelencia. Los hombres llaman a los gobernantes de este mundo «Su Excelencia»; nosotros servimos al más alto y sublime, al excelso Dios, a aquel quien realmente es Su Excelencia.

CAPÍTULO 4

Las reuniones de servidores

U n primer paso para todo aquel que está buscando convertirse en un servidor de Dios y de los hombres será aprender de este curso que usted tiene en sus manos. Todo servidor debe recibir este entrenamiento antes de ser nombrado al servicio de la casa de Dios.

Este curso está diseñado para enseñar un capítulo por hora; por tanto, este libro puede ser enseñado en su totalidad en solo diez horas. Al final del mismo, se debe examinar al candidato, y si aprueba el curso, puede ser nombrado como servidor (en un periodo inicial de prueba). Se recomienda refrescar este conocimiento en los servidores una vez al año.

Si se prefiere, se pueden actualizar los servidores, compartiendo con ellos el diácono mayor o líder de los servidores en las reuniones mensuales. En estas reuniones se pueden tocar temas que necesiten reforzarse.

El director de los servidores debe tener reuniones regulares con su grupo, estas asegurarán que todos caminen en unidad, armonía y acuerdo. Al lograr esto, se abrirá el camino para que Dios manifieste su poder en las reuniones.

Todo candidato a servidor debe:
- Llenar una aplicación.
- Ser entrevistado por el director de servidores.
- Estar dispuesto a entrar bajo la autoridad del director y demás autoridades.
- Estar dispuesto a operar en total unidad con el cuerpo de servidores.
- Aprobar este curso de servicio.
- Al graduarse, deben ser debidamente investidos en una reunión pública especial. Esto hará la transición hacia una vida de servicio y de honra. Se sugiere usar 1 Timoteo 3:8-15 como texto del mensaje en el culto público de reconocimiento a nuevos y actuales servidores.

1 Timoteo 3:8-15

«Los diáconos asimismo deben ser honestos, sin doblez, no dados a mucho vino, no codiciosos de ganancias deshonestas; que guarden el misterio de la fe con limpia conciencia. Y éstos también sean sometidos a prueba primero, y entonces ejerzan el diaconado, si son irreprensibles. Las mujeres asimismo sean honestas, no calumniadoras, sino sobrias, fieles en todo. Los diáconos sean maridos de una sola mujer, y que gobiernen bien sus hijos y sus casas. Porque los que ejerzan bien el diaconado, ganan para sí un grado honroso, y mucha confianza

en la fe que es en Cristo Jesús. Esto te escribo, aunque tengo la esperanza de ir pronto a verte, para que si tardo, sepas cómo debes conducirte en la casa de Dios, que es la iglesia del Dios viviente, columna y baluarte de la verdad».

Directrices para reuniones productivas

- El director debe contactar a todo su equipo por carta o teléfono.
- Las reuniones deberán ser en tiempo y lugar acostumbrados para asegurarse de una total asistencia del equipo (calendarizadas).
- Todos los miembros deberán asistir para evitar la carga adicional en el director de tener reuniones privadas con los ausentes.
- En toda reunión dé alguna enseñanza relativa al trabajo.
- La reunión deberá ser abierta para que los miembros puedan expresar algún reto o necesidad de mejora en algo.
- Incluya un tiempo para interceder por los servicios, así como los unos por los otros.

Recuerde que la unción para hacer las obras de Dios no está en un solo miembro, sino en todo el cuerpo. Por ello, trabajen juntos, en armonía e interdependencia para ver la plenitud de la obra del Espíritu en nosotros.

CAPÍTULO 5

Responsabilidades previas al servicio

- El cuerpo de servidores deberá llegar una hora antes de la reunión, con el propósito de preparar el edificio y alrededores antes de que comience a llegar la gente.
- El diácono mayor y los líderes de departamentos (multimedia, cámaras y sonido) deberán reportarse con el pastor o persona designada para recibir cualquier instrucción especial para el servicio. Las instrucciones pueden ser tan variadas como, por ejemplo, quiénes se sentarán en los asientos reservados de adelante, si hay predicador invitado, visitas para reservarles asiento, alguna petición especial del pastor o invitados que se deban atender, entre otras.
- El líder de multimedia se reunirá con el pastor antes de la reunión para saber si habrá alguna ayuda audiovisual que se deba proyectar, y para asegurarse que tiene copia del bosquejo o del mensaje que el predicador expondrá. Si los anuncios son grabados en videos o cualquier presentación visual debe estar con el equipo de multimedia con 24 horas de anticipación. Esto

le dará suficiente tiempo para ordenarlos antes de presentarlos en pantalla.

- El maestro de ceremonias es parte fundamental de la reunión y deberá estar enterado totalmente del orden del culto y sus diferentes bloques.
- Esta reunión no deberá durar más de 15 minutos.

La hora de llegada

- Preferentemente una hora antes del culto (tiempo suficiente para organizarse, asignar responsabilidades, dar instrucciones especiales y revisar el mantenimiento de áreas que podrían descuidarse por los equipos de limpieza o mantenimiento).
- Ore siempre por el buen fluir del culto y para atar los obstáculos espirituales.
- Por cierto, ¡tome asistencia!
- Asegúrese de que todos los ujieres estén debidamente uniformados e identificados (asigne a alguien para esto).

Materiales listos y a la mano

- Sobre para ofrendas
- Boletines de anuncios
- Sobres «especiales»
- Tarjetas de información para visitas
- Tarjetas de profesión de fe
- Paquete de material para nuevos convertidos y visitas (puede estar en el cuarto de consolidación y al cuidado del *equipo consolidador*).

- Cartulina para letreros de última hora (siempre hacen falta)
- Alfileres y sujetadores (para documentos o papelería varios)
- Lápices, plumas o lapiceros
- Trapeador de pisos y paños para limpiar
- Paños para cubrir damas que caigan en el Espíritu siempre y cuando caigan en una posición comprometedora (no para todas las que caen).
- Letreros para asientos reservados
- Botellas de agua y vasos para el pulpito

El servidor designado

Es aquel al que le ha sido encomendada la tarea de transportar invitados o predicadores. Para ello debe ser una persona discreta, buen conductor y con un buen automóvil. En caso de que el invitado llegue por sus propios medios, el servidor de la puerta de la entrada debe tener la información del nombre del invitado, señas personales e instrucciones para conducirlos al salón privado de los predicadores *(cámara de los predicadores)*.

La cámara de los predicadores

Es un cuarto designado para aquel que va a ministrar, donde pueda estar a solas con Dios, consultar la Palabra y reposar antes de ministrar. También es un sitio para hablar con otros ministros amigos sin interrupciones. Debe ser un lugar donde el predicador se pueda preparar antes de salir a la plataforma, donde pueda incluso peinarse, arreglarse la camisa y corbata, usar el baño, o comer una merienda y tomar algo.

Elementos que deben haber en la cámara de predicadores:

- Baño
- Tazas, cucharas, servilletas, cuchillo, vasos, todo lo necesario.
- Horno de microondas
- Una nevera pequeña
- Diccionario bíblico y concordancia
- Cafetera y agua caliente para té
- Jugo y agua
- Aderezos para el té y café (leche, limón, azúcar)
- Merienda (galletas, mantequilla o queso crema, mermelada, carne para emparedados, mentas para el aliento y aerosol ambiental).
- Gancho para abrigos
- Un lugar para leer
- Lugares de descanso (sofá o sillas acojinadas)
- Teléfono
- El cuarto debe tener sonido para seguir lo que ocurre en el servicio general, con control de volumen y, si es posible, un monitor para ver el culto.
- Buena calefacción y aire acondicionado
- Lápiz y papel

No olvide tratar al ministro invitado con la misma bondad y respeto con que trataría a Jesús.

Un servidor debe ser asignado a la puerta de la cámara de predicadores para prevenir y contener la irrupción de personas que buscarán abordar al predicador antes o después de la reunión. Si insisten en hablar con él, el ujier deberá tomar el mensaje, escribirlo claramente y pasarlo por debajo de la puerta, así el predicador decidirá si puede atender o no y cuándo hacerlo. Será de utilidad dar todas estas notas dirigidas al predicador, al director de los diáconos quien decidirá cómo manejarlas.

El predicador y el líder de servidores antes de la reunión

Al arribo del pastor o predicador, el líder de diáconos lo abordará para saber si hay alguna instrucción especial para antes o durante la reunión, pregunte:

¿Prefiere un micrófono inalámbrico?
¿Necesita alfombra en la línea de oración?
¿Tiene invitados especiales? ¿Requiere asientos reservados?
¿Habrá alguna actividad especial?

Sobre el manejo de los anuncios

- Trate en lo posible de reducir estos a emergencias solamente.
- Todo anuncio o noticia debe ser entregada a la persona que está manejando el servicio; por escrito y de forma

discreta, con letra de molde o en computadora y con toda la información pertinente, clara y resumida.

• Solo el servidor asignado subirá a la plataforma para esto; con discreción y sin alterar la atención del público. Si la reunión se está grabando en video, si es posible espere un cambio de cámara que excluya el pulpito para pasar la nota.

• Anuncios de autos con las luces encendidas de preferencia deben darse antes de comenzar la reunión (de lo contrario, un servidor deberá estar listo y con cables para pasar corriente a la batería del auto para cuando la reunión termine).

• Importante: el púlpito es para el predicador, no para pasar mensajes.

Arreglo de la plataforma

Asígnelo siempre a la misma persona, quien deberá asegurarse de que todo esté limpio, derecho y en orden. Debe estar provista de agua fría embotellada o filtrada.

Asientos y secciones reservadas

Es posible que algunos hermanos se disgusten porque los servidores reservan asientos para algunas personas. Muy probablemente les citen versículos tales como Santiago 2:2-4 (léalo para que esté prevenido). Otros dirán que Dios no hace acepción de personas. Sin embargo, la Biblia nos ordena hacer todo decentemente y con orden. También nos manda a pagar a todos lo que debemos: al que tributo, tributo; al que honra, honra; y al que honor, honor. Además, es un asunto de buenos modales el reservar un lugar para aquellos que, siendo ministros, han aceptado la invitación de visitarnos. Mucho de esos asientos reservados son por razones de tener cerca a alguien para apoyo personal de último momento, por seguridad, o porque se sentará gente que le toque intervenir en algún momento de la reunión. Ante estos posibles inconvenientes, los servidores deben siempre recordar 1 Pedro 2:20b: «...*si haciendo lo bueno sufrís y lo soportáis, esto ciertamente es aprobado por Dios».* ¡Ánimo!

Con todo, los servidores deberán ser hombres de autoridad; pero sujetos a autoridad, ejerciéndola con firmeza, amor y educación.

Será necesario reservar asientos para las siguientes personas:
- Visitantes especiales
- Ministros
- Ministerio de ayuda
- Discapacitados físicos
- Funcionarios públicos o líderes de la comunidad

La mesa de libros

También requiere de un servidor, cuya responsabilidad será:
- Colocar la mesa
- Colocar los materiales
- Cobrar (¡que tenga cambio, por favor!)
- Desmontar y guardar
- Entregar cuentas

Si la mesa permanecerá para la próxima reunión, deberá cubrir los libros con un paño blanco o negro y vigilarlos durante el receso. No se olvide de asignar otro servidor para relevar al primero en la vigilancia.

Sobre el paño para cubrir personas que caen en el Espíritu

Solo deben cubrirse damas que caigan en alguna posición comprometedora. De lo contrario, el tratar de cubrir a todos se convertirá en una distracción innecesaria.

Otras responsabilidades de los servidores serán:
- Guardería y departamento de cuna
- Área de juegos de niños
- Clases para niños
- Seguridad. Con personal entrenado y que siga un protocolo (que esté por escrito).
- Artículos perdidos
- Estacionamiento
- Aire acondicionado y calefacción
- Encendido y apagado de luces generales
- Aseo general
- Sanitarios
- En caso de lluvia, un responsable con sombrilla para encaminar al predicador y a su familia.
- Un responsable de traer el auto del predicador o ministro a la puerta del templo (en caso de ser necesario).

Como podrá verse, ser servidor es mucho más que simplemente pararse en la puerta o en un rincón del templo. Son encargos cuya excelencia honrará a Dios, es una manera de dar honor a los ministros y de servir al pueblo cristiano. La implementación de estos menesteres con toda excelencia hará que las visitas quieran volver y los hermanos de casa se sientan orgullosos de su congregación y líderes.

CAPÍTULO 6

Bienvenida y tráfico

Hasta este momento, se supone que ya se condujo la reunión previa de los servidores para todo el servicio; ya cada uno tiene sus instrucciones y ha orado en conjunto por un espíritu de gozo y paz en la reunión. Al tiempo, también los líderes de los diferentes departamentos, incluyendo al líder de servidores o diácono mayor, tuvieron ya su reunión con su pastor y tienen sus instrucciones. ¡Ahora es tiempo de servir!

Una vez que las puertas se han abierto para el público, es muy tarde para hacer planes o dar instrucciones. Se supone que todos los servidores ya están instruidos y preparados con todo lo necesario (sobres, lápiz, papel, literatura, con todo) y revisados en su aspecto personal. Es tiempo de trabajar.

Es de suponerse que el servidor debe saber a qué hora comenzará el servicio, dónde están todas las facilidades y dependencias del edificio (áreas restringidas, por ejemplo), sobre los asientos reservados, y de todo lo necesario.

Consejos para antes de comenzar

- Camine en amor y paz.
- Tome tiempo para sonreír a todos y darles la mano.
- Conteste todas las preguntas con cortesía (si no sabe la respuesta a algo, diga francamente que no lo sabe, que indagará la respuesta). Asegúrese de cumplirlo y escríbalo en una libreta de notas para no olvidarlo.
- Revise de que su vestimenta esté intachable.
- Cuide sus gestos y acciones, estos también ministran paz.
- Cuide sus palabras.
- Camine con seguridad; con autoridad y amor al mismo tiempo.
- Recuerde trabajar como un equipo, no solo es el trabajo de usted. La unción descenderá cuando se trabaja en unidad (Salmos 133).
- Siempre esté listo para cumplir las instrucciones recibidas y, al mismo tiempo, para ser flexible a los cambios de última hora (siempre los habrá).
- Nunca se queje. Si tiene algo que decir, hágalo en la próxima reunión de servidores.

Sobre el acomodo de las personas

Algunos de los retos del trabajo de los servidores, por ejemplo, son personas corriendo para tomar sus asientos. De manera que guíelos a los mejores asientos disponibles para ellos (una forma de premiar a quienes llegaron temprano). Otro reto es llenar las secciones de asientos conforme a un orden. He aquí algunos consejos para esto:

- Llene primero los asientos del frente (respete los reservados).
- Siente a las personas juntas, sin dejar asientos de por medio.
- Cada servidor debe tener una sección a su cargo, por lo que es necesario que sepa cuántos asientos tiene disponibles en su sección.
- Llene las tres primeras líneas de su sección y luego las próximas tres. Si le quedaron dos asientos vacíos en una sección, no se olvide de utilizarlos con alguna pareja. Cuando acomodamos a los asistentes de adelante hacia atrás evitamos que los que llegan tarde perturben a los puntuales.
- Las secciones reservadas se llenarán con aquellas personas para quienes han sido asignados esos lugares.
- No siente en las tres primeras filas a nadie que traiga niños pequeños. Recuerde que los bebés deben ir al departamento de cuna. Si alguna de las visitas se rehúsa llevar a su bebé al cunero, no lo fuerce, solo adviértale que si el niño llora deberá salir del santuario y permanecer en las áreas designadas para el cuidado de niños.
- Trate de conocer a las personas sentadas en su sección, le será útil ante cualquier situación.
- Asegúrese de que ningún varón entre al templo con sombrero. Una excepción podría ser alguien que haya tenido un accidente o por alguna enfermedad. Las damas sí podrán usar sombreros (1 Corintios 11:7).
- Nadie debe asistir en pantalones cortos. Ante todo, debe mantenerse la reverencia para no contristar al Espíritu Santo o estorbar el mover de Dios.

Otras áreas de cuidado

Es importante identificar áreas de posibles dificultades antes de que sucedan. Algunas de estas pueden ser:

- Personas cuyo comportamiento indica que podrían tratar de interrumpir la reunión. Asigne a un servidor lo más cercano posible a esta persona para intervenir con prontitud en caso de ser necesario.
- Personas que quieren hablar con el predicador antes del culto.
- Instrumentos musicales que no son parte del grupo de adoración y que además estén en manos de aquellos que no los saben tocar (panderos, maracas, güiro, entre otros).
- Personas que entren con comida (no permita goma de mascar en el santuario).
- No mascotas; a menos que se trate de un lazarillo (perro guía de ciego).
- No cámaras con flash; salvo las de uso oficial y debidamente registradas e identificadas. Nadie debe pararse a tomar fotografías o a filmar, mucho menos subir a la plataforma. Si alguno de los asistentes entra con cámara, debe advertirle de los lineamientos de uso antes de acomodarle en su lugar. La iglesia es quien debería grabar en video todo el evento para aquellos que posteriormente deseen tener una copia.
- Cuide que los pasillos de tránsito estén siempre libres. No permita bultos en el camino (tome acción sobre cualquier bulto aparentemente abandonado o fuera de su lugar).
- Niños solos (sin sus padres cerca) no deben permitirse en el santuario.

• No dé consejería, ni profetice sobre nadie, refiéralos a los asignados para esas funciones. Esto no es parte del trabajo del servidor. Su trabajo es mantener siempre los ojos bien abiertos.

CAPÍTULO 7

Qué hacer durante el servicio

Cuando la reunión ha comenzado, los servidores deben participar del servicio. Si se canta, cante; si se palmea, hágalo; si se danza, dance. Los servidores pueden y deben fluir en el Espíritu, pero:

- Nunca abandone su posición.
- No pierda el sentido de responsabilidad.
- Nunca cierre los ojos.
- Siempre esté de frente a la plataforma, alguien puede necesitar sus servicios o ayuda.

El servidor siempre debe estar alerta

- Porque el predicador o los músicos podrían necesitarlo.
- Por cualquier situación que requiera de su intervención.
- Porque alguien fuera de orden podría intentar subir a la plataforma.
- Por alguna visita que arribe tarde.
- Por algún impedido que llegue al culto.
- Porque lo más importante es la seguridad y protección de toda la congregación, en especial de los ministros.

Acomodo de los que lleguen tarde

Por lo regular, todos los cultos comienzan con alabanza, casi siempre alegre, permitiendo que la gente se relaje y entre en la atmósfera de la reunión. Sin duda, ayuda también a que las personas que lleguen tarde se acomoden. La segunda parte del devocional es adoración, y se presta para una palabra profética, una oración, o algo que Dios ministre al espíritu de los presentes. Si alguien retrasado llega en este punto, y si la iglesia cuenta con una antesala (*lobby*), los diáconos deberán mantener allí a los que llegaron tarde hasta que esta ministración termine. Es difícil adorar al Señor si hay personas parándose para alcanzar un asiento, o tocándonos en el hombro para que lo dejemos pasar a sentarse.

Cuando los que están adorando saben que no serán perturbados, podrán entregarse con mayor libertad a la adoración.

En resumen:

- Siente a las personas del frente hacia atrás, tomando tres filas a la vez hasta que estén completas.
- No acomode a nadie durante la adoración o predicación.
- No permita que nadie se mueva durante profecías o su interpretación.
- Nunca se quede parado cuando la gente está llegando, haga lo debido de acuerdo al tiempo y circunstancias.
- -Si alguien está detenido en la puerta por alguna de las razones antes mencionadas, debe permanecer

así hasta que usted reciba instrucciones del diácono principal sobre qué hacer.

- Si alguien con algún impedimento llega durante este tiempo, consígale un asiento en la parte trasera del santuario hasta que termine la adoración o palabra profética. Recuerde, cualquier interrupción puede robar la unción de Dios del culto.

- Durante oraciones, llamados al altar u ofrendas, recurra a los mismos patrones establecidos hasta este momento.

- Finalmente, cuando esta porción del servicio termine y comience otra, las personas que estaban aguardando en el *lobby* deberán ser llevadas con cortesía a sus asientos por los servidores.

Manejo de niños llorando

1 Corintios 14:40 es un texto que debe ser recordado en todo tiempo cuando servimos al Señor: «*...hágase todo decentemente y con orden*».

Para evitar interrupciones durante la reunión, haga intercesión antes de comenzar. El ministerio de ayuda debe orar por un espíritu de paz; atar el espíritu de interrupción.

Una de las interrupciones más usuales y para la que se debe estar bien preparado es el llanto de los niños. Muchas veces será necesario dar a los padres una advertencia de que procuren mantener a su niño tranquilo. Un niño que interrumpe es aquel que está parándose en el asiento, que está hablando en voz muy alta, o que tiene algún juguete ruidoso en la mano. Nunca se debe remover al padre de su lugar sin darle antes una cordial advertencia. Pero si el problema persiste, insista en que por favor se mueva a otra sección o área donde tal distracción tenga menos impacto en el desarrollo de la reunión. El servidor debe esperar atrás en lo que el padre recoge todas sus pertenencias. Sea atento, amable, no haga una atmósfera hostil, evite sentimientos de ira. Evite proyectarle condenación. Si acaso el padre se rehúsa a salir, no fuerce la situación y hable con el diácono principal.

En algunas iglesias los niños menores de 12 años son parte del culto y permanecen en el santuario. En la mayoría de iglesias esto no es así; al momento de llegar con sus padres los niños son llevados directamente con los servidores del ministerio de niños. En otras iglesias se permite a los niños participar durante el devocional y luego salir a su lugar (algunas veces llamado «iglesia del niño»). Esta modalidad solo es adecuada cuando se ha reservado un lugar específico donde los niños puedan sentarse juntos con sus maestros y salir al concluir el devocional sin crear interrupciones ni dejar asientos vacíos entre los adultos (esto se ve mal cuando se está grabando el evento).

Cuando escolte a alguien hacia alguna área alterna, sea cortés. Ábrale las puertas. Agradezca al padre su cooperación. No se disculpe por esto; tampoco tenga una actitud defensiva. Si se lo piden, o si percibe tensión, solo dé las razones para removerlos. Explique que otros en la congregación son afectados por el ruido y no reciben la ministración.

Cuando regrese al santuario, revise si acaso hay artículos olvidados. Nunca remueva artículos personales como carteras, billeteras, cámaras o cualquier otro de este tipo. Reporte cualquier confrontación al director de diáconos (diácono principal).

Acciones de los diáconos y servidores en la parte trasera del auditorio

- Abrir y cerrar puertas (para evitar ruido innecesario o cambios bruscos de temperatura dentro del auditorio por dejar la puerta abierta más tiempo del necesario).
- Auxiliar a los que llegan tarde.
- Llevar a las personas a las áreas para niños, salones de clase, baños u otras.
- Entregar al diácono los mensajes o anuncios para la plataforma.
- Realizar un conteo del número de personas en la reunión.
- Controlar el movimiento excesivo.
- Atender la temperatura y dirigir el tráfico al momento de la salida.
- Controlar a las personas que salen constantemente de la reunión sin aparente causa justificada.

CAPÍTULO 8

El procedimiento de la ofrenda

Para la colecta de la ofrenda es extremadamente importante que todos los servidores asignados a esta responsabilidad estén conscientes del procedimiento que se usará. El procedimiento debe considerar:

- Asignación clara de secciones a cada servidor.
- Definir el momento de pasar el saco, plato o cualquier utensilio para la colecta (en muchos lugares le llaman *gazofilacio*).
- Lugar donde debe pararse y en qué posición.
- Si se estarán distribuyendo o no junto con la colecta de ofrendas tarjetas de visitas, otros sobres para ofrendas especiales, o algún otro material.
- ¿Cuál será la señal para comenzar y cuál la de salir con las ofrendas?
- Si el servidor ayudará o no en el conteo de la ofrenda.
- El servidor debe saber cuándo debe regresar a su posición original en el templo después de la ofrenda.

Tome precauciones antes de comenzar la colecta de diezmos y ofrendas:

- Asegúrese de que toda la congregación ha recibido su sobre correspondiente a su llegada.
- Cuente el número de filas que le han sido asignadas para que tengan suficientes sobres en su bolsillo interior y distribuirlos a aquellos que no lo tengan.
- Asegúrese de saber cuántas ofrendas se recolectarán y qué clase de sobres debe llevar con usted (no los mezcle).
- Cuando el que dirige la reunión pregunte: *¿Quién necesita un sobre?*, el servidor deberá caminar de un lado a otro de su sección con los sobres en su mano y haciendo contacto visual. Cuando llegue a la parte de atrás de su sección, caminará de nuevo hacia su posición original pero siempre agitando los sobres en su mano y mirando a cada fila de la sección que le ha sido asignada. No corra a otra sección porque alguien tenga la mano levantada, porque esto creará desorden y confusión. Confíe en Dios que el ujier asignado allí le verá.
- Comience a recolectar al mismo tiempo que el resto de los ujieres; para esto debe estar atento a las instrucciones desde el púlpito o plataforma.
- Siempre comience desde el frente de su sección hacia atrás. Después de terminar con su sección, entonces tendrá libertad de mirar hacia los pasillos o la parte de atrás del santuario para identificar a aquellos que no han sido atendidos, de modo que no les robemos la bendición de dar.

Después de recolectada la ofrenda

- Ponga atención a las instrucciones de la plataforma. Muchas iglesias instruyen a los ujieres a llevar las ofrendas al frente para bendecirlas.
- Si se le instruye salir, hágalo al mismo tiempo que el resto del equipo y por la misma puerta, juntos, hasta el lugar designado.
- Nunca se lleve sobres de ofrendas a su casa, ni acepte ofrendas después de concluir el servicio. Si surge un caso así, llame al director de los diáconos y que él decida qué hacer.
- Asigne un ujier o servidor a la plataforma, de modo que el ministerio también tenga el privilegio de ofrendar. Esta ofrenda debe recolectarse antes que el resto de la congregación para establecer un ejemplo y precedente. Recoja primera la ofrenda de la plataforma para que el grupo de alabanza pueda seguir tocando o ministrando durante la ofrenda.

Otro procedimiento para las ofrendas

Hay casos en donde las iglesias piden a la congregación pasar al frente con sus ofrendas. En este caso:

- Los ujieres o servidores asignados deberán permanecer atrás del santuario, listos y esperando instrucciones para moverse de dos en dos y ordenadamente hacia el frente.
- Una vez dada la orden, caminarán en formación de dos en dos, y al llegar al frente se distribuirán en línea recta frente a la congregación con su plato o canasta en su mano izquierda (ver Esquema 1).

Esquema 1

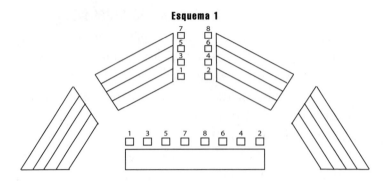

- Su mano derecha deberá estar libre para entregar sobres u otro material que se requiera y que no se haya entregado a la entrada o al momento del tiempo en que se recibió y acomodó a la gente.
- Una vez dada la orden para recolectar, los ujieres que estén parados al lado de cada sección dirigirán a la gente en el orden acordado hacia el frente. Se recomienda comenzar con las secciones de atrás.
- Los ujieres o servidores esperarán instrucciones del supervisor de diáconos (quien estará al fondo del templo mirando hacia la plataforma) indicándoles el momento de retirarse.
- Deberán retirarse por los pasillos laterales a cada fila y en parejas; saldrán por la puerta previamente designada hasta el cuarto donde se contará la ofrenda.

El conteo de las ofrendas

Las personas encargadas de contar la ofrenda, junto con el director de diáconos, estarán encargados de desarrollar una forma rápida, efectiva y precisa. Se recomienda atender estos lineamientos para el manejo del dinero:

- La seguridad es la prioridad.
- Los ujieres que llevan la ofrenda deberán ser escoltados por otros, yendo delante y detrás de ellos.
- Toda vez que han llegado al cuarto donde se contará la ofrenda, deberán guardarla en una caja fuerte, y montar una escolta a la puerta que permanecerá allí durante todo el proceso de conteo.

El proceso del conteo

- El cuarto deberá tener una mesa amplia, sillas, un abridor de cartas, clips, ligas, papel y lápices, calculadora y un cesto de basura.
- Si es responsabilidad de los servidores que llevan la ofrenda el dejarla lista para depositarla en el banco, entonces también deberán contar en el cuarto con envolturas para monedas y billetes.

Responsabilidades de los que cuentan las ofrendas

- Un servidor se encargará de abrir todos los sobres.
- Otro ujier verificará que la información del sobre coincida con el contenido.
- Cualquiera de los dos ujieres puede preparar sobres para los cheques y billetes que no están en sobres. (En los Estados Unidos, los sobres son requeridos como prueba de ingresos por el Departamento de Rentas Internas; la ley requiere que se guarden por siete años).

- Otro ujier enderezará los billetes y los ordenará de acuerdo con su denominación, al tiempo que verificará que lo que el sobre estipula concuerde con el contenido. En caso de discrepancia, otro ujier lo verificará, y ambos estamparán una corrección en el sobre colocando sus iniciales al lado de la corrección. (Se sugiere ordenar los billetes primero según su denominación; luego hacer fajos de la misma denominación y en cantidades iguales bien sujetados con una liga (esto facilitará las cuentas). Cada conteo deberá ser rectificado (recuento) por el otro ujier.

- Una vez que toda la ofrenda está afuera de los sobres y ordenados los billetes según su denominación, otro ujier sumará las cantidades escritas en los sobres, mientras que otro sumará el dinero en efectivo y los cheques. Al terminar, se cotejarán ambos totales, los cuales deberán ser idénticos.

- Una vez terminada la operación, el dinero y todo el registro contable deberán ser colocados en la caja de caudales y cerrada por la persona designada.

- Nunca deberá manejar el dinero una sola persona.

- Nunca nadie deberá llevarse ofrendas a casa.

- Terminado el conteo, deberán los ujieres volver al santuario, llevando los platos o sacos de ofrendas en caso de que una segunda ofrenda se quiera recolectar.

- El reporte del total de la ofrenda debe acompañar la colecta en la caja de seguridad. Copias de dicho reporte deben ir una al pastor y otra al administrador del ministerio (vea al final de este capítulo un modelo de hoja de reporte; cada congregación puede crear la suya de acuerdo a sus necesidades y características).

• Todo este proceso de recolectar, contar y resguardar la ofrenda requiere de práctica, por lo que sugiero haga antes del evento un ensayo de cada paso anterior. Seguramente, y conforme a sus necesidades, requerirá hacer ajustes. Hágalos conforme al tamaño y condiciones de su edificio, así como a las propiedades particulares del cuerpo de servidores con el que se cuente. Ensaye hasta que todo el ministerio de ujieres y diáconos entienda a la perfección el proceso. Luego, escoja a los que trabajarán en la ofrenda, conforme a sus habilidades para manejar dinero, su integridad y discreción personal. Esta es una de las áreas más sensitivas y requiere gente de alta confianza.

Repaso

1. Se abrirán los sobres uno por uno y se verificará que la cantidad declarada concuerde con el contenido del sobre.

2. De haber algún sobre con discrepancia, dos ujieres lo verificarán y harán la corrección en la información, colocando las iniciales de ambos en el sobre.

3. Otro equipo ordenará los billetes por denominaciones para contarlos.

4. Si hay dinero en la ofrenda sin sobre, se le preparará un sobre y se denominará «anónimos» y deberá tener escrito la cantidad total.

5. Un equipo contará todo el dinero en efectivo y en cheques, mientras que otro sumará los sobres. Al

final se cotejará la suma de los valores y la de los sobres, la cual debe ser idéntica.

6. Se preparará una hoja de información financiera donde se vaciará toda la información. De este informe debe quedar una copia en la caja fuerte con las ofrendas y los sobres, otra copia debe ir al pastor o padre de la casa para su conocimiento (para el final de la reunión esta información deberá estar en sus manos).

7. Si es responsabilidad del equipo preparar una hoja de depósito, se anexará copia de la misma al informe.

Ninguna de las personas envueltas en el conteo de la ofrenda deberá hacer el depósito en el banco, porque esto violaría y anularía la transparencia de todo el proceso anterior.

Ejemplo de reporte de ofrendas y diezmos

FREEPORT BIBLE CENTER
IMFORME DE INGRESOS

Descripcion	1er. Servicio	2do servicio	TOTAL
DIEZMOS			$ -
OFREDA PROTEMPLO			
Tarjetas			
EXPLORADORES DEL REINO			
GRUPOS DE CRECIMIENTO			
Diezmo de Diezmos			
PULPITO			
Misiones			
PATROCINADORES-NIÑOS			
Ciudad del Nino-pagos			
TOTAL			

Nombre _____   Firma _____

Nombre _____   Firma _____

Nombre _____   Firma _____

Nombre _____   Firma _____

CAPÍTULO 9

Ministración sobrenatural

Ministrar sobrenaturalmente quiere decir que usted está en una reunión donde el Espíritu de Dios tiene la libertad de hacer su completa voluntad. Como ujier o ministro de ayuda debe estar en el Espíritu durante todo el servicio. No hay manera de predecir el mover del Espíritu Santo. Es por ello que usted debe estar siempre atento al predicador, sus instrucciones y su ministración. Por ejemplo, es posible que el Señor le indique a él hacer un llamado por sanidad o salvación antes de predicar o aun antes de la ofrenda. Desde el diácono hasta los servidores deben estar listos para ello.

Llamado al altar

Este puede ser para salvación, rededicación de vida, consagración o reconciliación. Pero toda persona que no responda al llamado deberá mantenerse en su asiento. La excepción será cuando se pida que alguien los acompañe al frente. Durante este tiempo, debe asegurarse que nadie se pare para ir al baño, que nadie salga fuera del edificio o hacia otro lugar. El Espíritu Santo es muy sensitivo y puede contristarse si hay movimiento innecesario o irreverente.

Los servidores que asistan al predicador en el llamado (dos de preferencia) deberán colocarse de frente al auditorio para poder contar cuántos aceptaron o rededicaron sus vidas a Dios.

Los otros servidores deberán permanecer sentados o en sus lugares asignados, pero eso sí, intercediendo en el Espíritu por lo que está «ocurriendo». Nunca cierre los ojos mientras ora para poder responder y asistir en cualquier momento que se requiera.

Un servidor deberá estar a cargo del cuarto de consejería, donde los que respondan al llamado serán dirigidos después de recibir la ministración del predicador. Se sugiere revisar:

• La temperatura del cuarto
• Que esté abierto
• Que esté ordenado
• Que tenga suficiente luz
• Que tenga los materiales que se regalarán a los recién ministrados.
• Dos servidores deberán acompañar a los que respondan al llamado y a los consejeros que los atenderán hasta el cuarto de consejería. Uno debe permanecer dentro del cuarto y otro afuera de la puerta para mantener el área libre de curiosos o asistir a los consejeros en cualquier necesidad.

En nuestra congregación tenemos un equipo de *consolidadores*, uniformados e identificados portando una bandera de color amarillo brillante. Los que responden al llamado de salvación se les instruye a seguirlos mientras ellos los guían bandera en mano.

Llamado para sanidad, o liberación, o bautismo del Espíritu Santo

• Uno de los pasillos laterales deberá ser usado para que transiten las personas que respondan al llamado; los otros pasillos serán para flujo hacia los asientos.

• Frente al altar deberán formar una línea sencilla, mientras que otros servidores contienen a los que esperan su turno para ser ministrados, dejándolos pasar cuando su turno llegue.

• Dos servidores deberán ser asignados para sostener a la gente que caiga bajo el poder de Dios. Uno recogerá a la persona y el otro funcionará como emergente para intervenir si fuera necesario. El que recoge puede quitarse su saco, aflojarse la corbata y doblarse las mangas si lo prefiere.

• Para aquellos que caigan en el descanso del Espíritu, dos servidores deberán ser asignados para levantarlos cuando ya estén listos para volver a sus asientos en caso de que no puedan hacerlo por si solos.

El siguiente gráfico ilustra lo que acabo de explicar:

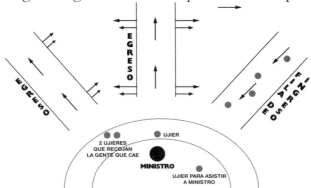

71

- Nunca trate de despertar o levantar a alguien con quien Dios no ha terminado todavía. -Permita que la iniciativa de levantarse sea de la persona ministrada.
- Nunca golpee en la cara a alguien para despertarlo, no importa cuánto tiempo le tome estar en el piso.
- Sea cortés con los ministrados, no les robe la bendición o el milagro.
- Si algún impedido físicamente busca oración, espere instrucciones del predicador al respecto. -Si estas no llegan, manténgalo sentado hasta que la línea termine y entonces ayúdelo a acercarse.
- Hay personas que vienen al altar en busca de oración, pero no están en el espíritu. Si alguien se pone a gritar, a danzar o a alabar en alta voz, debe ser dirigido a su asiento con amor, de modo que no interrumpa el mover del Espíritu o desvíe la atención hacia sí mismo.

CAPÍTULO 10

Responsabilidades posteriores al servicio

La primera responsabilidad después del servicio es el predicador. Un ujier deberá estar asignado para asistirle en volver a la cámara de los predicadores, a su automóvil si así lo desea, llevarle a cenar, o de vuelta a su hospedaje. Cuando un predicador ha estado ministrando bajo la unción sobrenatural de Dios por lo regular termina muy cansado, extenuado y sudando; muchas veces la unción puede permanecer sobre él por horas, es por ello que necesita ayuda (razón por la cual muchos predicadores no quieren socializar con la audiencia después de concluido el servicio). Será su responsabilidad como ujier asignado evitar que la gente lo aborde si él no lo desea. Pero si desea atender a la gente, entonces solamente manténgase lo suficientemente cerca para asistirle (pero lo suficientemente lejos como para no escuchar sus conversaciones con las personas).

Otras responsabilidades

- Saludar a las visitas e invitarlos a regresar.
- Ayudar a cualquiera que todavía esté bajo el poder de Dios.

- Asistir en la venta de libros y materiales.
- Guardar, doblar las mesas o preparar reporte de lo vendido.
- Estar en alerta por las personas que todavía están atadas; dirigirlos a consejería donde puedan ser ministrados.
- Contar la ofrenda, si todavía no se termina para que el predicador pueda recibir su ofrenda.
- Si alguien quiere recibir al Señor y los consejeros no están, usted puede guiarlo. No olvide tomar sus datos y hacerlos llegar al departamento de consolidación.
- Llevar los artículos olvidados al área designada para ello.
- Replegar las sillas y recoger la basura de su área asignada en el templo.
- Guardar utensilios (platos de ofrendas, de uso para la Santa Cena, etcétera).
- Asistir inválidos y ancianos a llegar a su auto.
- Evacuar totalmente el edificio, asegurar puertas, apagar luces, apagar los equipos que puedan estar encendidos, apagar aire acondicionado; inspeccionar de manera general (asegúrese que nadie quede atrapado o escondido dentro del edificio, revise todos los cuartos, clóset y baños (esta tarea debe ser hecha en equipo, nunca por una persona sola ya que podrían presentarse eventualidades).
- Cerrar el edificio. Recuerde, Dios y sus ángeles están con ustedes, los siervos del Altísimo.

Finalmente, la gloriosa faena del servicio ha concluido por este día.

Como servidor de excelencia, usted ha honrado a Dios y servido a su pastor a través de servir a los hermanos. Muchos serán tocados, sanados y aun liberados, y usted habrá sido parte de todo esto delante de Dios. Sin su servicio abnegado mucho de lo realizado no hubiera sido posible. Recuerde que muchos accidentes, incomodidades y planes del enemigo Satanás fueron frustrados por el servicio de un equipo de servidores espirituales, dispuestos y conscientes de su llamado. Hombres que un día serán promovidos para llegar a ser un «Esteban» o un «Felipe» que impactará naciones. Pablo nos anima a no cansarnos de hacer el bien *«…porque a su debido tiempo segaremos, si no desmayamos»* (Gálatas 6:9). Nos anima a seguir sirviendo al asegurarnos que Dios no es injusto para olvidar la labor de amor con la que hemos servido a los santos y aun lo seguiremos haciendo. Él es el Señor que recompensa todo lo que hacemos aquí en la tierra hoy y hasta el siglo venidero, en la vida eterna (Hebreos 6:10), pues ha declarado:

«He aquí yo vengo pronto, y mi galardón conmigo, para recompensar a cada uno según sea su obra». (Apocalipsis 22:12)

Querido hermano, tu servicio un día te llevará al lugar donde oirás la voz del Señor: *«Bien, buen siervo y fiel; sobre poco has sido fiel, sobre mucho te pondré»* (Mateo 25:21). Tu servicio, compasión y oraciones a favor de tus hermanos y los perdidos han subido a la presencia de Dios como subieron los de Cornelio, el piadoso centurión (Hechos 10:1-2).

No olvides que además de tu servicio de excelencia en el templo, Dios te ha ungido con su compasión. Visita los enfermos con tus compañeros. Evangeliza las almas perdidas, socorre al pobre y al desvalido. Cumple tu ministerio como buen soldado de Jesucristo. Tu servicio, compasión y oraciones a favor de tus hermanos tiene grande recompensa, porque Dios no es injusto para olvidar nuestra obra y el trabajo de amor que habéis mostrado hacia su nombre, habiendo servido a los santos y sirviéndolos aún (Hebreos 6:10).

No desmayes en el servicio a la niñez, a los ancianos, a los desvalidos, a los enfermos, a los perdidos, a los siervos de Dios; sirve a su pueblo. Si perseveras, te aseguro que tendrás grande recompensa. Tú eres parte de los segadores de la última hora de la cosecha sobrenatural que el Señor está produciendo. Prepárate para darle lo mejor de ti y Él no fallará en darte lo mejor, porque es *«Fiel y Verdadero»* (Apocalipsis 19:11).

Otros materiales de discipulado

Enseñanzas para la Nueva Vida.

Un programa de discipulado (cuatro tomos) para iglesias que buscan producir discípulos de altura, de excelencia, maduros e influyentes para establecer el reino de nuestro Dios. Son multitudes los que certifican el poder que estas enseñanzas para la nueva vida tienen para formar iglesias significativas y creyentes que prevalecen.

FORMANDO UNA GENERACIÓN SUPERIOR

Discipulado para líderes y pastores que hacen la diferencia. Temas como fidelidad, actitudes superiores, carácter, paternidad espiritual y generación de gobierno, llevarán su liderazgo y ministerio a nuevos niveles de compromiso y efectividad.

AGUA Y ESPÍRITU

Esta obra leída por multitudes te abrirá la revelación del poder escondido detrás de las aguas, al tiempo que hará más real su salvación, destruyendo tradiciones inefectivas que impiden el retener la mayoría de almas que aceptan al Señor. Prepárese para ser retado por este escrito.